SOCIÉTÉ DES ANTIQUAIRES DE PICARDIE.

Séance du 11 Mai 1886.

L'EXPÉDITION DE WINCHELSEA
(1360)

DISCOURS DE RÉCEPTION
Prononcé par M. ROUX,

Docteur en Droit, Avocat à la Cour d'appel,

ET

RÉPONSE DE M. GARNIER,

Président de la Société.

————— ✳ —————

AMIENS,
Imprimerie A. DOUILLET et Cie, rue du Logis-du-Roi, 13.
1886

SOCIÉTÉ DES ANTIQUAIRES DE PICARDIE.

Séance du 11 Mai 1886.

L'EXPÉDITION DE WINCHELSEA
(1360)

DISCOURS DE RÉCEPTION

Prononcé par M. ROUX,

Docteur en Droit, Avocat à la Cour d'appel,

ET

RÉPONSE DE M. GARNIER,

Président de la Société.

AMIENS,
Imprimerie A. DOUILLET et Cie, rue du Logis-du-Roi, 13.
1886

(Extrait du Bulletin de la Société des Antiquaires de Picardie
Année 1886. — N° 2.

DISCOURS DE RÉCEPTION

De M. ROUX.

MESSIEURS,

En jetant un coup d'œil autour de moi dans cette enceinte, j'éprouve une certaine confusion de m'y voir siéger au milieu d'hommes à qui tant de remarquables travaux en ont ouvert les portes, moi qu'une profession absorbante a privé jusqu'à présent de concourir à votre œuvre savante.

Mais si votre compagnie n'est pas exclusivement une réunion de talents consacrés à l'exploration autorisée de nos antiquités locales, si elle ouvre à tous ceux qui aiment le passé un sanctuaire où ils peuvent en goûter en commun les beautés artistiques et littéraires, alors, permettez-moi de le dire, j'y suis à ma place. Car elles n'excitent pas seulement en moi de l'intérêt, c'est une véritable passion qu'elles m'inspirent. Une passion : vos propres sentiments me protègent contre tout reproche d'exagération. Une passion, elle en a tous les caractères ; tyrannique et quelque peu exclusive, elle est tout cela chez moi. Combien de fois ne s'est-elle pas insurgée contre un devoir d'état plus austère ! Et même, pourquoi vous dissimulerai-je qu'elle remporta quelque fois la victoire, à vous, dont la complicité peut-être, en tout cas l'expérience de semblables tentations, me garantit l'indulgence. Que celui qui ne leur a jamais cédé, me jette la première pierre !

D'ailleurs la résistance bien méritoire que je leur oppose la plupart du temps, rassurera les moralistes sévères. Si je me rappelle aujourd'hui quelques-unes des fautes où m'ont entraîné ses charmes souverains, c'est uniquement pour constater que l'archéologie n'est point cette déesse vieillie dont on condamne volontiers les adorateurs à imiter la morosité dans une précoce décrépitude.

J'ai reconnu, d'autre part, que mon amour pour les siècles écoulés n'était point exempt d'exclusivisme, c'est le moyen-âge en effet, que j'affectionne. Et de cette époque de prédilection, ce sont principalement les arts qui me captivent. Les chefs-d'œuvre du roman et surtout du gothique me transportent d'un vif enthousiasme.

Je suis heureux, Messieurs, de me souvenir que les tendances de sa nature devaient incliner M. G. de Forceville à envisager au même point de vue l'objet de nos études.

Son talent lui permettait d'aimer le moyen-âge en artiste ; je ne puis, moi, l'apprécier qu'en amateur ; et pourtant toute lointaine qu'elle soit, cette ressemblance n'en est pas moins précieuse à son indigne successeur.

Mais les merveilles du moyen-âge ne me font point oublier tout l'intérêt de son histoire. On peut, sans méconnaître les avantages d'une civilisation extérieure plus avancée, rendre justice aux hommes dont le courage et le génie nous en ont préparé les splendeurs. Et surtout aujourd'hui, alors qu'elles ont subi une éclipse momentanée, nos regards attristés se reposent volontiers sur le spectacle grandiose de leur héroïsme.

L'étranger vainqueur peut bien nous arracher une partie du territoire constitué par les constants efforts de nos pères, il est impuissant du moins à nous ravir le patrimoine glorieux de nos traditions nationales.

Aussi bien, après avoir témoigné la reconnaissance que m'inspire la faveur dont je suis l'objet, vous me permettrez d'accomplir un autre devoir. C'est un usage, dans toutes les réunions, que les nouveaux arrivants offrent à leurs collègues l'hommage d'un plaisir qualifié de bienvenue. Quant à vous, Messieurs, je ne puis vous convier qu'à contempler avec moi quelque trait de notre histoire locale, où vous trouverez plus de charme que dans mes faibles discours.

EXPÉDITION DE WINCHELSEA.

On était au milieu de la guerre de cent ans. Privée de son roi et de l'élite de ses guerriers par le désastre de Poitiers, la France semblait avoir depuis lors perdu ses dernières espérances. Comme il arrive souvent dans les jours néfastes, de vils ambitieux n'avaient pas craint, sous les yeux même des envahisseurs, de lever contre l'autorité royale l'étendard de la révolte. Pour comble de malheur le roi de Navarre, appelé naguère au secours du pays, ne cherchait qu'à profiter, dans son intérêt personnel, de la situation prépondérante que les circonstances lui avaient créée. Son alliance était d'un grand prix pour chacun des belligérants, il la vendait le plus cher possible aux Anglais, aux Parisiens insurgés et au Régent tour à tour et quelquefois simultanément.

Aussi bien si l'on en excepte les provinces du Sud et de l'Est, notre malheureuse patrie n'offrait-elle plus qu'un vaste champ de bataille où les armées ennemies et plus souvent les compagnies d'aventuriers, tantôt sous les drapeaux anglais, tantôt sous la bannière de Charles le Mauvais, poursuivaient nos derniers défenseurs, pillaient et massacraient sans pitié tous ceux que de solides remparts et une héroïque résistance ne mettaient point à l'abri de leur fureur (1). Dans les campagnes dévastées on n'avait

(1) Voir *Chron. Normande*, éd. publiée pour la Société de l'hist. de France, p. 145-146.

plus osé depuis deux ans demander à la terre des récoltes inévitablement destinées à devenir la proie des vainqueurs.

La désolation était à son comble. Tant de maux cependant, loin d'abattre les âmes fières de nos ancêtres, avaient au contraire surexcité leur patriotisme. Le Régent dont la faible constitution ne diminuait en rien l'indomptable énergie, dirigeait avec une prudence consommée la résistance aux ennemis du dehors comme à ceux de l'intérieur.

Les bonnes villes lui prêtaient d'ailleurs le plus actif concours, et les Picards, bien qu'ils eussent été pourtant les plus éprouvés par la guerre, se signalaient parmi ses plus fidèles défenseurs. Un instant égarés par la duplicité de Charles-le-Mauvais et de quelques-uns de ses suppôts, s'ils lui avaient montré un certain enthousiasme, c'était dans la conviction que ce prince restait dévoué à la cause du Dauphin ; mais lorsque Jean de Picquigny et ses complices avaient voulu s'emparer d'Amiens pour le compte de ce factieux enfin démasqué, leur courageuse attitude avait fait échouer ses coupables projets. Bien mieux, enhardis par ce succès et pleins de confiance dans Robert de Fiennes, connétable de France, et dans le comte de St-Pol qui les avaient opportunément secourus en cette circonstance, ils avaient poursuivi et assiégé les Anglo-Navarrais dans le château de Long. L'hiver les ayant forcés de renoncer au siège de cette place, ils avaient dès le printemps suivant entrepris avec nombre d'autres communes et de seigneurs, de les chasser encore de St-Valery et avaient effectivement recouvré cette ville. Leur ardeur s'en était accrue et ils étaient prêts à de plus vastes desseins. L'occasion de les accomplir ne devait pas se faire attendre longtemps. Édouard III furieux de ce que les États généraux avaient rejeté avec indignation les honteuses conditions de paix qu'il leur avait proposées, avait aussitôt donné l'ordre de rassembler pour le 15 août une flotte considérable.

Le 28 octobre 1359 les Anglais prenaient la mer avec 1100 navires et commençaient l'expédition dont tous les contemporains ont admiré l'organisation. Au commencement de décembre, une marche qui grâce à une sage lenteur ne laissait s'égarer aucun traînard, amenait sous les murs de Reims leur armée dont les habitants de Bray-sur-Somme avaient glorieusement repoussé les attaques. L'ennemi avait également échoué devant Arras et s'était prudemment détourné d'Amiens. Ces échecs étaient dus à l'habileté du Régent qui, comprenant à merveille l'impossibilité pour la France épuisée de tenir la campagne contre des troupes aussi nombreuses et aussi disciplinées que celles d'Edouard III, avait concentré dans les villes fortes tous ses moyens de résistance ; si elles triomphaient des assauts de son adversaire, ce dernier devait bientôt user ses forces dans d'inutiles contremarches à travers des pays où ses précédents ravages ne lui laissaient aucune ressource. L'événement prouva la justesse de ce calcul.

Mais si le Régent n'avait pas cru pouvoir lutter contre lui à armes égales sur notre propre sol, il n'avait pas renoncé à l'idée qui depuis le commencement de la lutte séduisait tous les esprits, l'idée d'une descente en Angleterre. L'exemple de Guillaume le Conquérant en avait fait la préoccupation des hommes de guerre chargés de combattre ses successeurs, en attendant qu'elle devînt le rêve principal de Napoléon Ier.

Le futur Charles V n'attendit pas pour en préparer l'exécution que l'ennemi fût au cœur du royaume. Dès que « renommée qui partout volle apporta en France comme le roy d'Angleterre et son filz le prince de Galles venoient eu royaume de France » (1), après avoir fait avec le roi de Navarre une paix né-

---

(1) *Chron. des quatre premiers Valois.* Edit. de la Société de l'hist. de France, p. 99. — C'est cette chronique qui nous fournit le récit le plus complet de l'expédition de Winchelsea.

cessaire, il entama avec Waldemar III, roi de Danemarck, des négociations actives pour déterminer ce prince, ennemi des Anglais, qui possédait une marine importante, à opérer un débarquement dans leur île. Ce fait si curieux ressort d'un texte découvert et publié par M. Germain (1).

Ces projets répondaient si bien aux désirs de l'opinion publique et aux nécessités du moment qu'une anecdote racontée par Froissart nous prouve qu'ils inquiétaient fortement nos adversaires (2).

Pourquoi les pourparlers avec les Danois n'aboutirent-ils pas? Je l'ignore, mais leur avortement devait avoir un heureux résultat. Ce n'était plus à des étrangers que la France allait demander du secours : c'étaient ses propres enfants, c'était notre Picardie qui allait essayer de la venger.

Forcer Edouard III à retourner précipitamment en Angleterre, enlever Jean le Bon à ses geôliers, rendre à nos armes leur prestige compromis par l'invasion de notre patrie que Dieu irrité par leurs crimes n'avait pas accordé à nos pères de défendre efficacement, rentrer enfin en possession des biens qu'on leur avait ravis, tels étaient les mobiles qui donnaient tant d'importance à l'expédition projetée. Mais c'était surtout la délivrance du roi que l'on voulait, le 2ᵉ continuateur de Guillaume de Nangis le dit formellement, et les documents que j'ai recueillis confirment sur ce point la parfaite exactitude de son récit (3).

(1) *Mémoire dou fait de Dannemarche*, Archives municip. de Montpellier. Gr. Chartrier. Arm. F. Cas. III, N° 4. Mémoires de la Société Arch. de Montpellier. T. IV p. 409 à 434.

(2) Froissart. Edit. de la Société de l'hist. de France. T. V. p. 90-91.

(3) Guillaume de Nangis. Ed. Société de l'hist. de France. II p.299. Voir : Mémoire dou fait de Dannemarche.

« *Item*. Et que par ce fait poons nous en plus brief temps plus

Dès qu'ils surent ne devoir plus compter que sur eux-mêmes, les Français se mirent résolument à l'œuvre. Comme dans la plupart des entreprises de l'époque, l'initiative privée et l'autorité royale concoururent à son élaboration, mais la pénurie où se trouvait le trésor en fit alors retomber tout le fardeau sur les bonnes villes.

Il y avait eu, lors des pourparlers avec les Danois, des commissaires envoyés par le régent pour recueillir dans les provinces les sommes nécessaires. Mais les bonnes villes avaient dû fixer entre elles la quotité pour laquelle chacune devait contribuer à l'aide réclamée par le prince et avaient établi des receveurs chargés d'en percevoir le montant dans chaque région (1), car Dom Grenier nous a conservé une quittance émanant de « sagez et honorables personnes sires Henris Descorues, maires des eswardeurs de la cyté de Tournay et sire Robert Tastelin de Abbeville, commis et députés des bonnes villes de Picardie de decha la rivière de Somme à recevoir les sommes de deniers et de florins estimés et accordés à payer par cascune des dites bonnes villes pour mettre sur le fait de mer emprins par haut et noble monsieur Jehan de Neuville, mareschal de France, pour la rédemption du Roy nostre sire. » (2).

honestement et plus profitablement avoir V conclusions : la première ravoir le roy, la IIe empeschier la venue du roy d'Angleterre et d'autres, car se il estoient assaillis, il ne porroient ailleurs entendre, la IIIe que pour eux deffendre il manderoient nos ennemis qui sont au royaume de France et se mandez n'estoient si s'en retourneroient il, la IIII avoir fin de la guerre et la Ve vengence de noz ennemis. »

(1) Le Mémoire dou fait de Danemarche contient les instructions données à Guillaume de Marchieres et Alexandre Lorfèvre envoyés aux communes de la Langue d'oc pour leur demander 400.000 florins d'or. «.... Item. et que il eslisent gens qui les deniers recevront sanz ce que monsegneur ne autres de par lui s'en entremettent. »

(2) Une copie de cette quittance est conservée à la Biblioth. nat.

Quelles furent ces sommes? Nous ne connaissons que la contribution de St Quentin, c'est à elle-même qu'était délivrée la quittance que nous venons de citer, pour la somme de « cinq cens deniers d'or à l'escu du quoing de nostre dit seigneur. »

Quant au Régent, dans sa détresse, il avait pu seulement déléguer à Jean de Neuville deux mille deniers d'or que la ville de Paris et sa prévôté des marchands restaient lui devoir (1).

La présence d'un Tournaisien parmi les collecteurs nous prouve que, comme le dit Jean de Venette, la Flandre ne resta point étrangère à cette expédition.

Enfin des souscriptions semblables devaient évidemment être recueillies chez les Normands, car ils « avoient prins compaignie avec les Picars d'aler en Angleterre. » Malheureusement sur ces entrefaites, le combat du Favril, fit tomber entre les mains de l'ennemi avec leur capitaine Louis de Harecourt et l'amiral de France le Baudrain de la Heuse « les meillieurs gens d'armez de toute Normendie et les plus sages de guerre tant Françoiz que Navarroiz. » (2).

Les Picards à peu près réduits à leurs propres forces, n'en persévérèrent pas moins dans leur entreprise, mais « moult perdirent grant secours en la dicte prinse. Car bien fut alé du pais de Normendie six mille hommes armés tant gens d'armez, archiers, arbalestriers que marmeaulx, tous gens deffensables, par quoy ceulx de Picardie furent moult plus fiebles. »

Et le chroniqueur attribue à cette circonstance l'impossibilité où l'on se trouva de tirer le roi de prison. « Maiz, ajoute-t-il, for-

---

(Collection Moreau. Chartes et diplomes, tome 234 f° 128) et porte au bas cette mention : D. Gronior. L'original est indiqué aux archives de la ville de Saint-Quentin, layette des titres communs, n° 86. — Voir Pièces justif. I.

(1) Siméon Luce. *Histoire de Du Guesclin*, I. Pièce justific. N° XXII, pp. 546-550.

(2) Chron. des quatre premiers Valois, p. 109.

tune estoit pour le temps contre le royaume et contre les Françoiz premièrement eu chief et puis es membres. »

Nous avons rencontré déjà deux fois le nom de Jean de Neuville qualifié de maréchal de France. Ce seigneur picard fut l'âme de l'expédition. Laissant les députés des bonnes villes s'occuper de subvenir aux frais qu'elle devait entraîner, il « s'entremist très curieusement d'aprester l'emprinse et le voiage ». Il chercha des navires et des hommes dans les ports de notre province et même sur les côtes de Normandie les plus voisines. La Flandre lui en fournit également. Et la ville de Paris lui envoya des gens d'armes sous la conduite de Pépin des Essards qui, comme chef plus ou moins occulte du parti du Régent dans la capitale, avait pris une grande part à l'affaire du 30 juillet 1358 qui la fit rentrer en la possession de ce prince (1). Ce contingent reçut de Jean de Neuville des vivres et un vaisseau orné de bannières aux armes de la cité parisienne (2).

En outre le Régent, non content d'avoir promis 2,000 deniers d'or pour les frais de la campagne, contribuait de tout son pouvoir à son organisation, car nous voyons Ricart de Brumare, gardien du clos des Galées et des garnisons appartenant au fait de la mer à Rouen, fournir tout ce qui lui manquait pour ce voyage à la nef Notre-Dame de Leure commandée par Jehan [Hane] et Gobelet Godefray. (3)

Mais au témoignage formel des deux chroniqueurs dont nous suivons le récit, ce fut la Picardie qui fournit le plus de combattants. On remarquait parmi eux monseigneur Moreau de Fiennes, connétable de France, et le comte de Saint-Pol. Autour d'eux se groupait une nombreuse noblesse dont les noms ne nous

(1) Froissart. V. p. XXXIII note 1.
(2) *Hist. de Du Guesclin.* Ibidem.
(3) Voir Pièces justif. N° II.

sont point parvenus, à l'exception de ceux du sire de Cayeux et d'un pauvre gentilhomme Guillaume daisseu qui portait son pennon (1). Enfin ils étaient accompagnés de nombreux bourgeois des communes picardes et d'autres gens de pied de la province.

C'étaient d'ailleurs encore des Picards qui aidaient Jean de Neuville dans ses préparatifs : Firmin Audeluye, bourgeois influent d'Amiens, et sa famille que leur profession de poissonniers de mer mettait plus à même que tous autres d'obtenir des navires chez les armateurs et patrons pêcheurs de la côte avec lesquels ils étaient continuellement en rapport. (2)

Tout fut prêt au commencement de mars 1360 au moment même où le duc de Bourgogne concluait à Guillon avec Edouard III un traité destiné à préserver son duché du pillage par l'armée anglaise.

---

(1) ....Aincois nous a servi en nos guerres bn et loyaument et p espal en la compalgnie du sire de Cayeu portant son penon en Angleterre quant Vinchevezel fut prins et demoliz....
Lettre de rémission accordée à Guillaume daisseu.
Arch. nat. Registre du Trésor des Chartes. J.J. 105. N° 535.
(2) *Hist. de Du Guesclin.* Ibidem.
Voir arch. municip. d'Amiens les différentes fonctions remplies par Fremin Audeluie. En 1352 il devient faiseur des présens et paieur « de le rente à vie. » (Reg. F. f° 4 v°).
En 1353 il est fait par le maire et les échevins l'un des deux « maieurs de banieres » des poissonniers de mer. (f° 5°. r°.)
En 1357 il rentre dans la même charge. La même année il est élu cinquième échevin par les maieurs de bannières au renouvellement du corps de ville « ordené et fait pour cause de lemprisonement de sire Fremin de Coquerel maïeur » (f° 7 v°).
En 1358 il est encore échevin (f° 8 r°)
En 1359 il remplit la même fonction (f° 8 v°).
En 1360 il est maieur de bannière des poissonniers de mer.
En 1363 il redevient échevin.
Jean Audeluye est maieur de bannière des poissonniers de mer en 1358 (f° 8 r°) et en 1361.

Un grand nombre de navires et 1,500 combattants, sans compter probablement les équipages, se trouvaient rassemblés (1). Jean de Neuville s'étant occupé du recrutement de la flotte et des troupes était mieux connu d'elles : il fut choisi pour capitaine par les marins, les communes et les hommes d'armes. Cette préférence inspira une certaine jalousie au connétable et au comte de Saint-Pol que leur rang plus élevé dans la hiérarchie féodale et les services rendus semblaient désigner pour le commandement.

Le 14 mars (2) on mit à la voile sur la côte de Picardie et on alla débarquer dans le comté de Sussex à la Rye, petit port situé non loin de Winchelsea alors l'une des cinq grandes villes maritimes anglaises ; dont son importance faisait le but véritable de l'expédition. On aborda sans rencontrer de résistance. Puis une fois à terre, les troupes rangées en bataille furent divisées en trois corps. Jean de Neuville commanda le premier où les Normands prirent place ; les deux autres qui comprenaient la no-

---

(1) Henri de Knyhgton (Historiæ Anglicanæ scriptores antiqui. Londini. MDCLII. F° 2622) évalue à 20,000 le chiffre des hommes rassemblés par Jean de Neuville. La Chronique Normande nous parle seulement de « xv ᶜ combatans » et je crois que si elle a pu rester au dessous de la vérité, elle s'en rapproche cependant beaucoup plus que le chanoine de Leycester intéressé à exagérer les forces contre lesquelles ses compatriotes ne surent se défendre. Rappelons nous d'ailleurs que la Chronique des 4 prem. Valois n'évaluait qu'à 6,000 hommes le contingent normand dont le combat du Favril avait privé l'expédition. Les Picards ne devaient évidemment pas être plus nombreux ; d'ailleurs, s'ils eussent été au nombre de 20,000, ils auraient pu faire en Angleterre de bien autres ravages.

(2) Thomas Walsingham. (Francofurti. 1603. P. 173 174 ligne 10) et le 2ᵉ continuateur de Guill. de Nangis concordent sur ce point ainsi que Lingard. — Consulter sur tout le reste de l'expédition outre Henri de Knyghton et Thomas Walsingham : PolydoriVergilii Vrbinatis anglicæ historiæ libri XX. Basileæ. 1534. Liv. XIX p. 379), et Lingard hist d'Anglet. Paris 1826. (T. V p. 136.)

blesse sans doute peu désireuse d'obéir à un simple chevalier, furent mis sous les ordres du connétable et du comte de Saint-Pol.

Une troupe d'Anglais avait pris position sur la hauteur pour protéger Winchelsea. Les Français « firent sonner leurs araines et businer leurs clarons » et montèrent la côte. En vain leurs adversaires vinrent-ils à leur rencontre en faisant pleuvoir sur eux une grêle de traits. Ils allaient toujours de l'avant avec entrain. C'étaient nos pères. Leur élan ne s'arrêtait point.

Ils rejetèrent les Anglais dans la ville et massacrèrent tous ceux qu'ils purent atteindre. La résistance de l'ennemi se prolongea-t-elle dans Winchelsea? Nous ne savons qu'une chose, c'est qu'il fallut y entrer de vive force.

En possession de la ville, les Français emportés par l'ardeur du combat se livrèrent à certains excès rapportés avec indignation par les chroniqueurs anglais. Si l'on veut bien se rappeler les horreurs auxquelles les armées anglaises avaient habitué notre malheureux pays depuis plusieurs années, nul ne pourrait s'étonner que la haine qu'elles avaient amassée dans le cœur de nos soldats les eût poussés à des représailles terribles, mais bien méritées, lorsque grisés par la victoire, ils se trouvèrent maîtres de leurs ennemis. Mais rassurons-nous, Messieurs, pour l'honneur du nom français, Henri de Knyghton veut bien nous donner le détail des atrocités commises par nos pères. Elles sont telles que nous n'avons pas à renier leur mémoire. D'après lui nos guerriers au nombre de 2.000 auraient tué 35 habitants de Winchelsea et malheureusement abusé de 9 femmes. Dans une armée aussi nombreuse, il aurait bien pu se trouver quelques soudards capables de ces crimes, sans que pour cela l'honneur des troupes fût atteint. Un fait plus grave pourrait leur être reproché, à en croire Thomas Walsingham, dans leur fureur ils n'auraient pas respecté le lieu saint.

Ce qui est certain c'est que « tout le bon pillage de la ville, comme vin, laynes, estain, garnaches et autres avoirs portèrent en leurs navires ». (Les Anglais en avaient tant pris en France!) Enfin avant de se retirer ils incendièrent une partie de la ville.

Jean de Venette nous dit qu'au bout de deux jours ils étaient rentrés dans leurs foyers, mais la vraisemblance me paraît plutôt d'accord avec la Chronique des quatre premiers Valois d'après laquelle ils seraient restés assez longtemps sur la côte anglaise pour que le chancelier d'Angleterre apprît à Londres l'invasion française, et eût le temps de faire la convocation de l'arrière-ban d'Angleterre. En effet, après s'être reposés sans doute quelques jours dans Winchelsea, les nôtres se mirent à battre les environs dans un rayon de 8 lieues anglaises et par des paysans dont ils s'emparèrent, ils apprirent la convocation de l'arrière-ban. En attendant qu'il fût réuni, 300 cavaliers anglais vinrent épier les Français. Il prirent même en queue leurs fourrageurs et en tuèrent quelques-uns, mais, notre armée s'étant rangée pour leur tenir tête, ils s'enfuirent.

On tint conseil et l'on jugea à propos d'abandonner la ville. N'était-il pas à craindre que sur leur propre territoire les Anglais ne vinssent facilement à bout de forces insuffisantes.

L'ennemi voyant qu'on se retirait résolut de profiter du désarroi que cause toujours un embarquement pour inquiéter la petite armée. Il fit avancer quelques troupes qu'il avait non loin de là et l'assaillit vigoureusement au moment où elle voulait remonter sur les vaisseaux. Sa cavalerie sur la rapidité de laquelle il comptait pour mieux surprendre les Français, accourut la première. Ceux-ci croyant voir arriver l'arrière ban d'Angleterre, précipitèrent leur départ ; mais une petite troupe s'était attardée dans la ville achevant le pillage, elle fut jointe avant de pouvoir regagner ses navires par les Anglais qui lui tuèrent 160 hommes, et un certain nombre d'autres se noyèrent en essayant de se rembarquer trop promptement.

Thomas Walsingham ajoute que des marins anglais réussirent à s'emparer au même moment de 13 navires chargés de vin et de victuailles, mais nous ne trouvons nulle part la confirmation de son témoignage quelque peu suspect.

Il devait en coûter aux Français déjà privés par leur petit nombre de pénétrer plus avant dans la Grande-Bretagne pour tenter la délivrance du roi, but primitif des organisateurs de l'expédition, de se replier promptement, aussi « par le conseil de monseigneur Moreau de Fiennes et du conte de Saint-Pol et de monseigneur Jehan de Neuville firent leur navire singler droit à Kalaiz pour scavoir s'ilz pourroient prendre Kalaiz du costé par devers la mer. L'escherguette de Kalaiz vit le navire de loing venir, et crya qu'il veoit grant navire. Ceulx de Kalaiz s'appareillèrent pour deffendre la ville et vindrent sur les murs. »

La ville était trop forte pour qu'un assaut permît de s'en rendre maître. Le coup était donc manqué, les nôtres « s'en retournèrent en Boulloingne et s'en repaira chacun en son pais. »

Bien que le succès de la campagne eût été passager, elle n'en eut pas moins d'excellents résultats. Elle plongea l'Angleterre tout entière dans une stupeur profonde. Les envahisseurs étaient envahis à leur tour, la Manche n'avait pas suffi à les protéger contre une expédition à laquelle il n'avait manqué qu'un effectif plus considérable pour s'emparer d'une partie de l'île, délivrer Jean le Bon et porter peut-être jusqu'à Londres le fer et le feu.

Et ce que des circonstances fortuites avaient empêché les Français d'accomplir, ne pourraient-ils pas le tenter avec succès dans des conjonctures plus favorables ? Nos adversaires avaient eu d'ailleurs sur le moment même la crainte de voir se réaliser immédiatement leurs appréhensions.

Non seulement le chancelier avait fait mener bien loin dans le pays de Galles le roi Jean désormais étroitement gardé, et tous ses gens avaient été emprisonnés, non-seulement l'arrière ban avait été convoqué, mais bientôt toute l'Angleterre se leva, émue par le récit des prétendues cruautés de nos troupes, épouvantée de la force qu'on leur attribuait : les évêques accordèrent de grandes indulgences et le droit de choisir le confesseur qui leur plairait, à tous ceux qui se rendraient sur les côtes pour repousser l'ennemi, les ecclésiastiques eux-mêmes réguliers ou séculiers se mirent tous à la disposition des prélats qui transformèrent les uns en hommes d'armes et ceux qu'ils en jugèrent capables en archers. Ceux des bénéficiers qui ne pouvaient servir en personne devaient équiper des combattants si les Français pénétrant dans l'intérieur de l'île y rendaient la résistance nécessaire.

Les laïques de 16 à 60 ans à quelque condition qu'ils appartinssent, furent armés, et les meilleurs furent envoyés comme archers *ad marisarchos*, dont l'un était John Wessiam, prieur de l'Hôpital et les autres avaient été désignés par le roi.

Enfin lorsqu'Edouard III apprit le sac de Winchelsea, longtemps après que la France entière le connaissait, il ordonna le 28 avril d'enfermer son auguste prisonnier à la tour de Londres.

A peu près au même moment un *marisarchus* ayant rassemblé une flotte de 80 navires et une armée de 14,000 hommes avec les archers descendit la Tamise et rechercha dans la Manche de Boulogne à Honfleur la flotte française qu'il croyait s'y trouver encore ; il espérait, dit Thomas Walsingham, laver l'Angleterre de la honte que lui avait infligée le désastre de Winchelsea, mais convaincu de l'inanité de ses recherches, il descendit vers l'Océan Atlantique et ravagea l'île de Sein sur la côte de Bretagne.

Les Français n'omirent d'ailleurs rien de ce qu'ils devaient faire pour parer au danger pressant dont cette flotte menaçait notre littoral. Une quittance de mai 1360 conservée à la Bib. Nat. nous apprend qu'un conseil de guerre tenu sous la présidence du Baudrain de la Heuse avait « ordené que la barge royale de la ville de Dieppe, nomée la barge Nre-Dame soit matée et mise sur la mer à bon équipage de gens de deffense pour porter donpmage aux ennemis tost et hastivement si come besoing est, » (1) mais rien ne nous révèle la suite des opérations décidées par nos hommes de guerre.

En terminant ce court récit, permettez-moi, Messieurs, de vous remercier de votre bienveillante attention. Les historiens ont tous passé sous silence l'expédition de Winchelsea ou n'en ont fait qu'une mention sommaire. Elle méritait mieux, car si elle n'atteignit pas son principal objet, nous avons constaté que du moins elle eut des conséquences heureuses pour notre pays et ne sommes-nous même pas en droit de penser qu'elle exerça une certaine influence sur les résolutions d'Edouard III lorsque celui-ci offrit soudainement de traiter sous les murs de Chartres. En tous cas elle fut glorieuse pour nos pères, à ce titre nous devions en recueillir pieusement le souvenir ; il renferme pour nous une vivifiante leçon : dans les pénibles circonstances où les Picards du xive siècle l'avaient entreprise, elle était un acte d'héroïsme ; loin de diminuer devant l'adversité, leur courage avait grandi avec elle. Héritiers de leur patriotisme chrétien sachons comme eux ne jamais désespérer de la Patrie.

(1) Voir Pièces justif. N° III.

PIÈCES JUSTIFICATIVES

I

12 janvier 1359 (1360).

Quittance des maire et echevins de la ville d'Abbeville au nom des commis et députés par les villes de Picardie en dela de la riviere de Somme pour faire la recête des taxes imposées par lesdites villes à l'effet de faire un armement sous la conduite de Jean de Neuville pour la redemtion du Roi Jean, quittance de la somme de cinq cens deniers d'or a l'ecu du coin du Roy paiée par la ville de St-Quentin auxdits députés.

Sceau rompu.

(*Archives de la ville de St-Quentin, layette des titres communs; n. 86*).

A tous cheaus qui ces presentes lettres verront ou oront Li maires et eschevins de la ville de Abbeville. Sachent tout que pardevant nous sont venus et comparus personelement sagez et honorables personnes sires Henris Descorues maires des eswardeurs de la cyté de Tournay et sire Robert Tastelin de Abbeville commis et députés des bonnes villes de Picardie de decha le riviere de Somme a recevoir les sommes de deniers et de florins estimés et accordés a payer par cascune des dites bonnes villes pour mettre sur le fait de mer emprins par haut et noble monsieur Jehan de Nœville mareschal de France pour la rédemption du Roy nostre sire. Lesquels recepveurs cognurent et confesserent et avoir heus et recheus par les mains de sages et honorables Jehan Fascoart et Andrieu de pois bourgois de la ville de Saint Quentin ou nom et pour icelle ville la somme de cinq cens deniers d'or à l'escu du quoing de nostre dit seigneur pour les convertir au fait dessus dit, de la quel somme les dis receveurs es noms comme dessus se sont tenus et tiennent à solz content et bien payet de la dite ville de Saint Quentin. L'en ont quittié et quittent et promettent a acquiter les dis bourgois et tous autres aux quels quittance en pue*t* et doit appartenir par le tesmoing de ces lettres scellées du scel aux causes de la dite ville de Abbeville faictes et données le xiie jour du mois de Janvier L'an de grâce mil ccc cinquante et nœf.

D. GRENIER.

(Bibl. Nat. Collection Moreau. Chartes et Diplômes. Tome 234, f° 128).

II

Sachent tuit que nous Jehan [Hane] et G[o]belet G[o]defray segns en partie de la Nef nre dame de leure ordenee a aler en cest pnt voiage de la mer pour porter guerre et domage aus ennemis en la compagnie et sous le gouvernement de noble homs et puiss' mons' le baudrain de la heuse admiral de france, avons eu, et receu de noble home mess' lorens P[oe]lin chler par la main Ricart de brumare garde du clos des galees de Rouen un mast pour faire un bropre en la dce nef et un mast pour faire un mast ou [bau]cel et quarante advirons tous nueufs des quelles chosez devant dces nous no' tenos pour bn paiés et les promettons rendre toutes fois que mestier sera ou cas quil naront este convertis et despenses au fait de la guerre. En tesmoing de ce nous avons mis nos seaulx a ces pntes qui fu faîte a Rouen le viiie jour de fevrier lan mil ccc cinquante et neuf.

(Bibl. nat. Quittances. T. XI, n° 26002 fonds français, n° 916).

III

Le Baudrain de la heuse admiral de France. A nr̃e amé Richart de brumare garde du clos des galees et des garnisons aptẽn au fait de la mer pour le roy nr̃es' et pour mons' le régent salut et dilcõn. Nous avons p̃ deliberatõn de bon conseil ordene que la barge de nos dis segñs de la ville de dieppe nõmee la barge nr̃e dame, de laquelle soubz Dieu Jehan des Cl[ou]es est maistre et souverain gouvñeur soit matee et mise sur la mer a bon esquipage de gens de deffense pour port' dopmage aux eñemis de nos dis segneurs tost et hastivement sicõme besoing est pour quoy nous vous mandons q̃ sans delay ces lr̃es veues des dc̃es garnisons vous bailliez et delivriez audit Jehan deux balles de coton pour faire letref de la dc̃e barge, lesquelles pour ceste cause ainsi baillies nous voulons et mandons a ceulz a qui il apptendra estre deduites en vos comptes pourveu toutevoies q̃ elles ne soient converties ou emploiées en autre usage. Donné à Rouen le premier jour de may lan mil ccc soixante.

Mouton.

(*Bibl. nat. Ibidem, n° 967*).

RÉPONSE

De M. GARNIER

Monsieur,

La faveur avec laquelle fut écoutée votre lecture du 9 février, faisait présager l'accueil réservé à votre candidature le jour où elle serait posée.

Le sujet que vous avez traité avait pour nous un double intérêt. C'était une page d'histoire locale, et elle nous montrait l'abbaye de S. Acheul à une époque de transformation dont l'influence devait être néfaste au point de vue tout à la fois du temporel et du spirituel des abbayes.

Les abus de la commande ont été retracés par vous avec les traits les plus saisissants, et vous avez parfaitement démontré comment l'intervention de la justice était devenue nécessaire pour arrêter des dilapidations auxquelles se livraient des abbés qui n'avaient cure que du produit des bénéfices qu'ils cumulaient presque toujours, ne s'occupant nullement des religieux, dont la portion congrue, à peine suffisante pour les besoins auxquels ils étaient tenus de satisfaire, ne leur était pas même assurée d'une manière certaine.

Vous nous avez promis, Monsieur, l'histoire de l'abbaye de S. Acheul, nous espérons que vous la menerez à bonne fin, et nous serons heureux de vous aider dans vos recherches, s'il nous est possible, et d'applaudir à vos succès.

Sous la direction d'un père qui avait occupé dans l'enseignement une des plus hautes positions, de celles qu'il faut conquérir par le savoir, le professorat dans une Faculté, vous avez été préparé à de fortes études.

Vous ne vous êtes point contenté d'obtenir de la Faculté de droit le diplôme indispensable pour exercer la profession d'avocat, vous avez aspiré au titre de docteur et vous l'avez mérité par une thèse sur les délits de la presse dans la loi du 29 juillet 1881.

A la suite d'une revue rapide de la législation sur cette matière, vous renfermant dans la question juridique, vous avez examiné au point de vue scientifique les dispositions de la loi nouvelle et clairement exposé l'interprétation qui devait être donnée de ses différents articles.

Comme il arrive pour ceux qui aiment le travail et qui travaillent beaucoup, vous avez su, en dehors du droit, trouver des heures pour d'autres études, et vous les avez employées à suivre les cours des savants professeurs de l'Ecole de Chartes, comme élève libre. Là vous avez appris à connaître les sources et à vous servir utilement des documents relatifs à l'histoire de la France et de ses monuments. Un instinct, une prédestination vous appelait vers l'archéologie et les arts.

Vous n'avez point, comme M. G. de Forceville auquel vous succédez et dont vous rappelez le souvenir, l'habileté du sculpteur, mais vous avez comme lui le goût et le jugement dans l'appréciation des chefs d'œuvre des différentes époques, comme lui vous les aimez ; mais vous aimez de plus à suivre les progrès de la civilisation qui les ont fait éclore, les causes qui les ont produits ou qui en ont amené la décadence.

Vous tiendrez la plume, vous les raconterez, et nous vous écouterons avec attention.

Soyez donc le bien venu parmi nous ; chacun se fait un plaisir de vous avoir pour collègue et compte sur votre utile collaboration.

Je me félicite donc, Monsieur et cher collègue, d'être aujourd'hui l'interprète de notre compagnie.

Amiens. — Imp. A. Douillet et Cⁱᵉ rue du Logis-du-Roi, 13.

www.ingramcontent.com/pod-product-compliance
Lightning Source LLC
Chambersburg PA
CBHW061017050426
42453CB00009B/1501